Coole Abenteuer-Geschichten
zum Lesenlernen

Coole Abenteuer-Geschichten zum Lesenlernen

CARLSEN

Weitere Geschichten zum Lesenlernen:
Freche Conni-Geschichten zum Lesenlernen
Lustige Monster-Geschichten zum Lesenlernen
Schöne Freundschafts-Geschichten zum Lesenlernen

Wir produzieren nachhaltig

- Klimaneutrales Produkt
- Papiere aus nachhaltigen und kontrollierten Quellen
- Hergestellt in Europa

FSC® www.fsc.org MIX Papier aus verantwortungsvollen Quellen FSC® C083411

Sonderausgabe
Veröffentlicht im Carlsen Verlag
Mai 2022

Wolfram Hänel und Ulrike Gerold: *Ein Fall für die Feuerwehr*
Mit Illustrationen von Jörg Hartmann

Sabine Ludwig: *Ida und der Schatz in der Badewanne*
Mit Illustrationen von Miriam Cordes

Christa Holtei: *Tom auf Piratenfahrt*
Mit Illustrationen von Astrid Vohwinkel

Umschlaggestaltung und -typografie: formlabor
unter Verwendung der Innenillustrationen
ISBN 978-3-551-32043-8

Ein Fall für
die Feuerwehr

Es brennt

Alex starrt aus dem Fenster. Ihm ist langweilig. Keiner seiner Freunde hat Zeit. Paul besucht seine Oma, Tim ist krank und Lars spielt Handball.

Alex will nichts einfallen, was er alleine machen könnte.

Aus dem Haus gegenüber dringt Qualm. Alex presst die Nase an die Scheibe. Der Qualm kommt aus einer offenen Balkontür.

Alex dreht sich um und ruft:

„Es brennt!“

Mist, Alex ist ja allein zu Hause! Seine Eltern arbeiten noch.

Alex muss die Feuerwehr rufen.
Auf dem Telefon klebt ein kleiner Zettel:
Polizei 110. Feuerwehr 112.
Alex wählt mit zittrigen Fingern.
„Feuerwehr“, meldet sich eine Stimme.
„Es brennt!“, ruft Alex. „Bei uns gegenüber,
Bonifatiusplatz 3. Im dritten Stock
ganz oben.“
„Sind Menschen in der Wohnung?“,
fragt die Stimme.
„Ich kann nichts sehen.
Aus der Balkontür kommt
dichter Qualm.“
„Und wer bist du?“
„Ich bin Alex,
Alex Pohl.“
„Wir sind schon
unterwegs“,
sagt die Stimme.

Alex rennt aus der Wohnung vor die Haustür. Gerade kommt Herr Kurt zurück.
„Es brennt!“, ruft Alex. „Ich habe schon die Feuerwehr angerufen.“
„Gut gemacht“, sagt Herr Kurt.
Herr Kurt wohnt im selben Haus wie Alex. Sie gucken beide zu dem Balkon hinüber. Eine Frau erscheint in dem dichten Qualm.
„Keine Panik!“, ruft Herr Kurt laut.
„Die Feuerwehr ist unterwegs!“

Im nächsten Moment hören sie die Sirenen, die sehr laut sind. Zuerst kommt der Einsatzleitwagen. Dann folgen ein Löschgruppenfahrzeug, ein Tanklöschfahrzeug, außerdem ein Drehleiterwagen, ein Rettungswagen und ein Notarztwagen. Die Feuerwehrleute wissen, was zu tun ist. Sie rollen die Schläuche aus und fahren die Drehleiter in die richtige Position. Die Frau auf dem Balkon schreit um Hilfe. Der Qualm wird immer dichter.

Nervös kaut Alex auf seiner Unterlippe. Das Feuer knistert und knackt. Die Luft fühlt sich heiß an. Alex will auf die andere Straßenseite, um alles genau zu sehen. Aber Herr Kurt hält ihn am Arm fest. „Bleib hier“, sagt er, „da drüben ist es zu gefährlich. Und außerdem stehst du den Feuerwehrleuten nur im Weg.“ Ein paar Feuerwehrleute breiten ein Sprungtuch aus. Zwei andere klettern die Leiter hinauf. Sie haben Schutzhelme auf dem Kopf und tragen Atemschutzgeräte.

„So eine Drehleiter kann man 23 Meter hoch ausfahren. Damit kommt man bis in den achten Stock eines Hochhauses“, beginnt Herr Kurt zu erklären.
„Und die Schutzkleidung ist wichtig wegen der Hitze und der Flammen. Die Schläuche werden an den Hydranten und den Tanklöschzug angeschlossen. Hier sind Pumpen, die den nötigen Wasserdruck im Schlauchsystem erzeugen.“
„Woher wissen Sie das?“, fragt Alex. Aber Herr Kurt redet schon weiter.

„In der Feuerwehrleitstelle werden alle Anrufe entgegengenommen. Da sitzt auch der Feuerwehrmann, mit dem du gesprochen hast. Der hat alle wichtigen Informationen in einen Computer getippt. Der Computer bestimmt die Fahrzeuge, die gebraucht werden.
Und dann informiert der Feuerwehrmann über ein Mikrofon seine Kollegen.
Einige sind sicher im Mannschaftsraum“, sagt Herr Kurt.

„Wenn die Durchsage kommt, springen sie schnell auf und rutschen an einer Stange in die Halle zu den Fahrzeugen. Rutschen geht schneller als Treppensteigen und stolpern kann auch niemand.“
Alex stellt sich vor, wie seine Mutter morgens an einer Stange im Treppenhaus nach unten rutschen müsste.
Er muss grinsen.
Gegenüber hilft gerade ein Feuerwehrmann der Frau auf die Leiter. Das Sprungtuch wird zum Glück nicht gebraucht.

Leserätsel

Warum haben die Freunde von Alex keine Zeit? Verbinde die richtigen Puzzleteile.

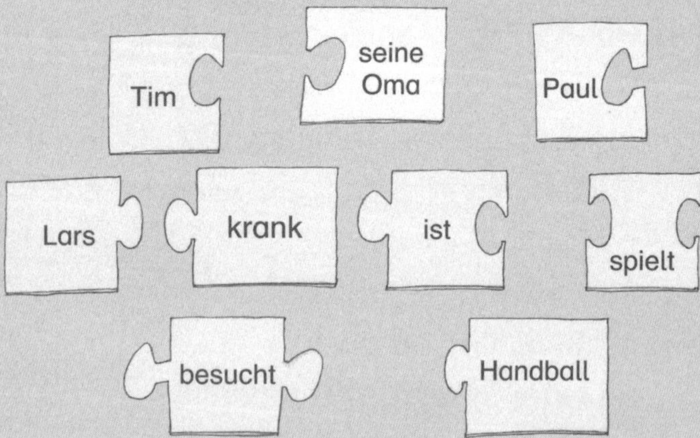

Was muss Alex angeben, wenn er unter der Notrufnummer ein Feuer melden will?

1	Seinen Namen	0	Seine Haarfarbe
1	Seine Adresse	2	Was brennt
0	Sein Hobby	1	Sein Leibgericht

Die Zahlen neben den richtigen Antworten ergeben die Notrufnummer der Feuerwehr:

___ ___ ___

Mit welchen Fahrzeugen kommt die Feuerwehr zu einem Brand? Kreuze an!

- [ ] LÖSCHGRUPPENFAHRZEUG
- [ ] HEUWAGEN
- [ ] DREHLEITERWAGEN
- [ ] TRAKTOR
- [ ] STRASSENBAHN
- [ ] EINSATZWAGEN
- [ ] NOTARZTWAGEN

Die farbigen Buchstaben der richtigen Wörter verraten, woran die Feuerwehr ihre Schläuche anschließt.

Lösungswort: __ Y __ __ __ __ __

Wasser marsch!

„Wasser marsch!“, ruft ein Feuerwehrmann. Und schon schießt das Wasser durch den Schlauch in die Flammen.
Die Frau wird zum Rettungswagen gebracht, wo sich ein Arzt und ein Rettungssanitäter um sie kümmern.
„Das ging noch mal gut“, sagt Herr Kurt erleichtert. „Das Feuer haben sie gleich unter Kontrolle, siehst du?“

Herr Kurt zeigt auf die Balkontür, aus der kaum noch Qualm dringt. In der Luft fliegen noch immer kleine schwarze Rußteilchen. Und nach Feuer riecht es auch noch.

„Bei jedem Feuer entstehen gefährliche Brandgase“, erzählt Herr Kurt.

„Richtig schlimm wird es auch, wenn Chemikalien brennen. Dann ist der Rauch hochgiftig und die heißen Gase können sich entzünden. Vor einer solchen Explosion haben alle Feuerwehrleute am meisten Angst.“

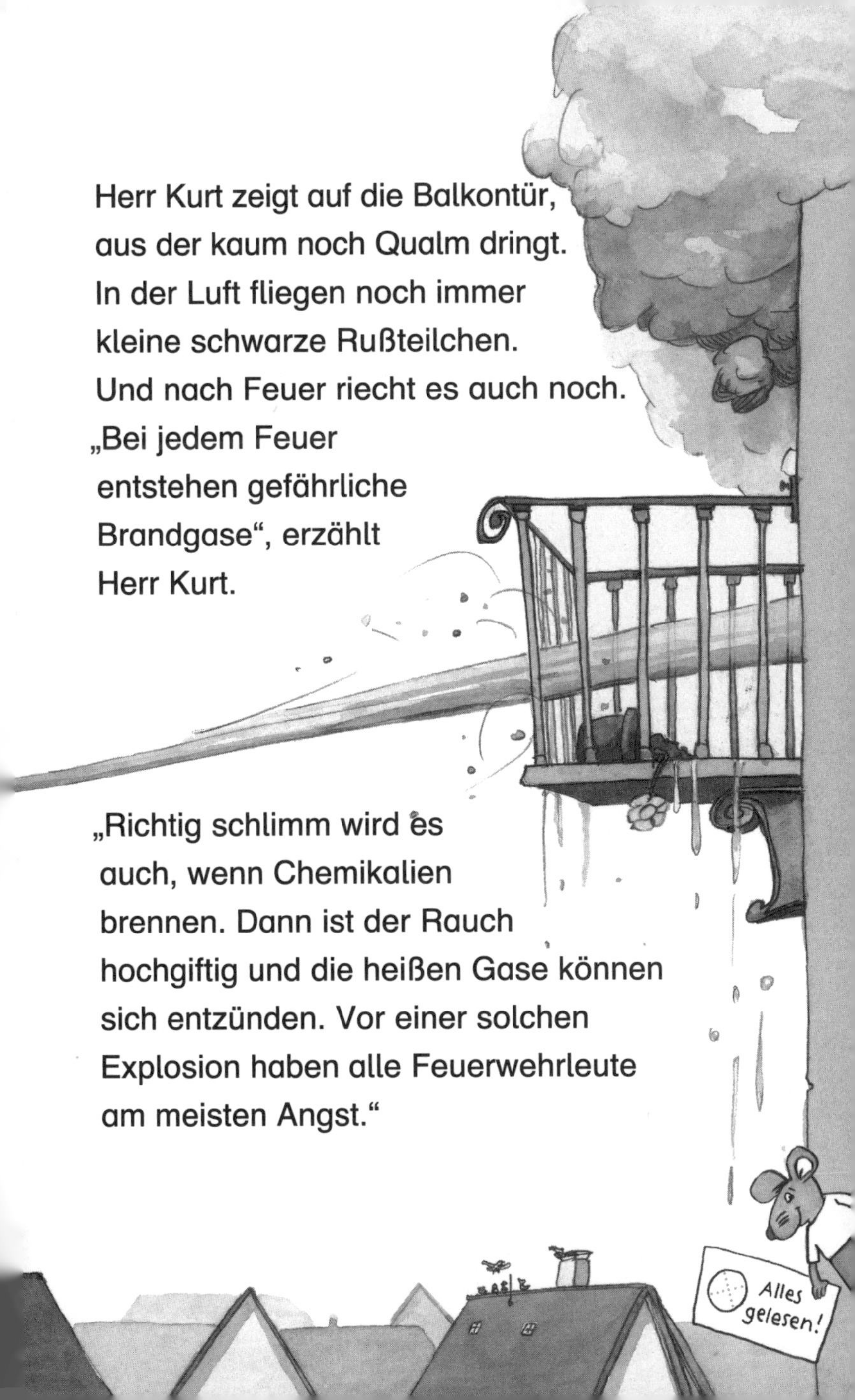

Plötzlich ruft der Feuerwehrmann aus dem Einsatzleitwagen: „Hallo, Bruno! Was machst du denn hier?"
Der Feuerwehrmann kommt zu ihnen und schüttelt Herrn Kurt die Hand.
Und dann Alex.
„Ich bin Udo, der Einsatzleiter", sagt er.
„Und Bruno, ich meine Herr Kurt, ist ein ..."
„Ein alter Kollege von Ihnen, schon klar", sagt Alex.

Auf der anderen Straßenseite wird
der Befehl „Wasser halt!“ gegeben.
Die Feuerwehrleute rollen die Schläuche
ein und fahren die Leiter zurück.
Herr Kurt und Udo erzählen Alex,
was sie alles erlebt haben, als sie noch
zusammengearbeitet haben.

„Einmal gab es einen schlimmen Verkehrsunfall“, erzählt Herr Kurt.
„Da waren Leute in ihrem Auto eingeklemmt.“
„Wir mussten mit dem Rüstwagen kommen und die Türen von dem Unfallauto aufbrechen“, nickt Udo.
„Der Rettungswagen hat dann sofort die Verletzten versorgt.
Das ausgelaufene Benzin und Öl haben wir mit einem Spezialpulver abgebunden.“

„Die Feuerwehr kommt auch bei einem Rohrbruch“, sagt Herr Kurt, „wenn der Keller voll Wasser steht und leer gepumpt werden muss. Wie letztes Jahr nach den Regenfällen.“

„Kannst du dich noch an den Einsatz erinnern, als wir den entflogenen Papagei aus der Eiche im Stadtpark retten mussten?“, fragt Udo lachend.

„Natürlich“, nickt Herr Kurt, „und ich weiß auch noch, wie du dir an dem Ast ein Loch in den Hosenboden gerissen hast.“

Die Feuerwehrleute rufen nach Udo. Der Einsatz ist beendet. Sie wollen schnell zurück zur Feuerwache.

„Die Schläuche müssen zum Trocknen aufgehängt werden. Erst dann können wir sie wieder für den nächsten Einsatz aufrollen.“

„Sind dafür die Türme da, die an jeder Feuerwache stehen?“, fragt Alex.

„Genau, das sind die Schlauchtürme“, nickt Herr Kurt.

„Wenn du möchtest“, sagt Udo, „komm doch mal bei uns vorbei. Dann zeig ich dir alles ganz genau.“

„Klasse!“, freut sich Alex.

Herr Kurt guckt auf einmal ganz traurig.

„Wenn es in Ordnung ist, bringe ich Herrn Kurt auch mit“, grinst Alex.

„Aber nur, wenn Bruno mich dann auch mal etwas erklären lässt“, sagt Udo.

Da muss sogar Herr Kurt lachen.

Leserätsel

Bringe die Sätze in die richtige Reihenfolge

CH Die Feuerwehrmänner rutschen an einer Stange in die Fahrzeughalle.

SP In der Feuerwehrleitstelle klingelt das Telefon.

TU Der Feuerwehrmann informiert die Kollegen im Mannschaftsraum.

RU Der Feuerwehrmann gibt die Informationen in einen Computer ein.

NG Der Computer rechnet aus, welche Fahrzeuge zum Einsatz fahren.

Die Lösungsbuchstaben ergeben ein wichtiges Hilfsmittel, das die Feuerwehr zur Rettung von Personen braucht:

1 2 3 4 5

Was stimmt? Kreuze an!

NO – Mit der Drehleiter kann man Karussell fahren.

LAU – Die Schutzkleidung schützt die Feuerwehrleute vor großer Hitze.

GA – Die Notärztin kümmert sich um Alex.

CH – Die Feuerwehr muss auch bei schweren Verkehrsunfällen kommen.

WA – Die Feuerwehrleitstelle ist nur montags besetzt.

TU – Bei Überschwemmungen pumpt die Feuerwehr den Keller leer.

RM – Udo und Herr Kurt haben einen Papagei vom Baum gerettet.

Die Buchstaben neben den richtigen Antworten ergeben einen Gebäudeteil der Feuerwache:

SCH _ _ _ _ _ _ _ _ _

Infoseite

Diese Dinge braucht die Feuerwehr:

Verkehrsleitkegel

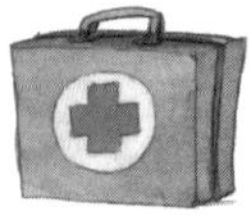

Erste-Hilfe-Koffer

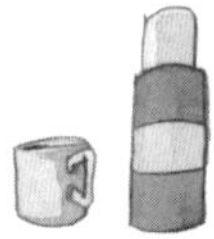

Thermoskanne u
Kaffeebecher

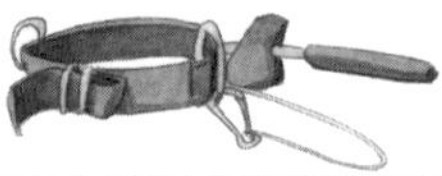

Ledergurt mit Haken
und Beil und Fangleine

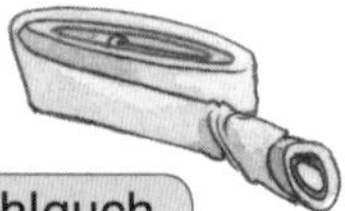

Schlauch

Feuerwehraxt

Hydrant

Atemschutzgerät

Helm

Schutzkleidung

Jacke

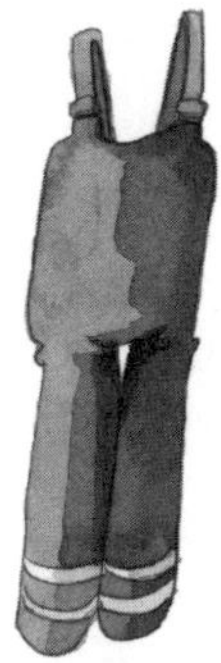

Hose

feste Stiefel mit Profilsohle

Stulpenhandschuhe

Beatmungsgerät

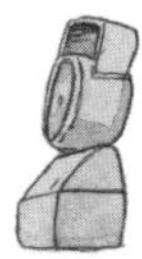

Taschenlampe

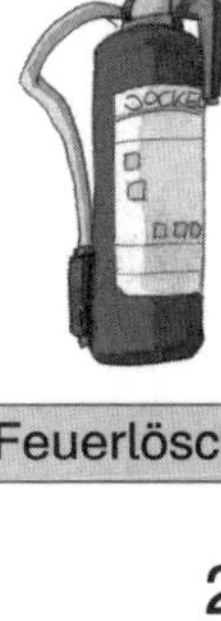

Feuerlöscher

Löschgruppenfahrzeug

Lösungen

S. 14/15:

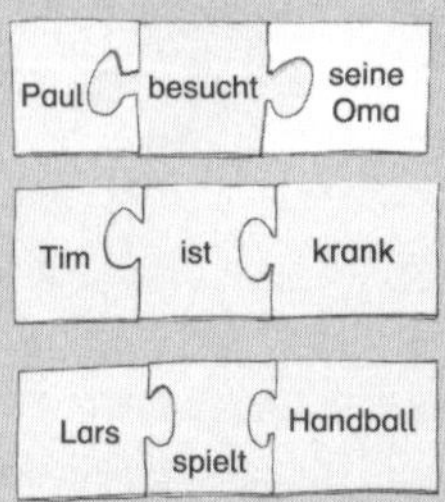

Die Notrufnummer der Feuerwehr ist: 112

HYDRANT

S. 24/25:

SPRUNGTUCH

SCHLAUCHTURM

Ida und der Schatz in der Badewanne

Ida möchte berühmt sein

„Kann man mit sechs Jahren schon berühmt sein?“, fragt Ida ihren großen Bruder Max, der gerade das Glas seiner Taucherbrille poliert.

„Du nicht, andere schon“, antwortet Max.

„Und warum ich nicht?“, will Ida wissen.

„Mozart hat mit sechs Jahren richtige Musik komponiert. Du kannst noch nicht mal ‚Alle meine Entchen‘ auf der Flöte spielen“, sagt Max.

„Es gibt Kinder, die können mit sechs so gut rechnen wie mein Taschenrechner. Andere Sechsjährige spielen Tennis und verdienen damit Millionen“, fährt Max fort.
Ida hält sich die Ohren zu.
Es stimmt. Eigentlich kann sie nichts.
Aber woran liegt das?

„Du bist eben nicht begabt, so wie ich", sagt Idas Freundin Flo.
„Du hast eben keine Geduld, Ida", sagt ihre Mutter, wenn Ida nach zwei falschen Tönen die Flöte weglegt. Oder wenn sie beim Malen das Bild zerreißt, weil eine gelbe Sonne und ein blauer Himmel zu einem grünen See zerfließen.

Geduld zu haben ist anstrengend. Am liebsten möchte Ida aber etwas Besonderes sein, ohne sich dafür anstrengen zu müssen.

Max setzt sich seine Taucherbrille auf.
Er presst die Lippen fest zusammen und atmet schnaufend durch den Schnorchel.
Dann setzt er die Brille wieder ab.
„Es reicht, wenn *ein* Kind in der Familie berühmt ist“, sagt Max. „Und das werde *ich* sein.“
„Und womit?“, fragt Ida.
„Ich werde im Meer nach gesunkenen Schiffen tauchen und Schätze finden“, erzählt Max. „Ganz viel Gold und Silber.“

„Kann ich das nicht auch machen?“, fragt Ida. Max lacht laut. Aber es ist kein nettes Lachen.
„Lern du erst mal schwimmen!“, sagt er. „Du traust dich ja noch nicht mal alleine in die Badewanne!“
„Das ist nicht wahr!“, schreit Ida und tritt Max gegen das Schienbein.

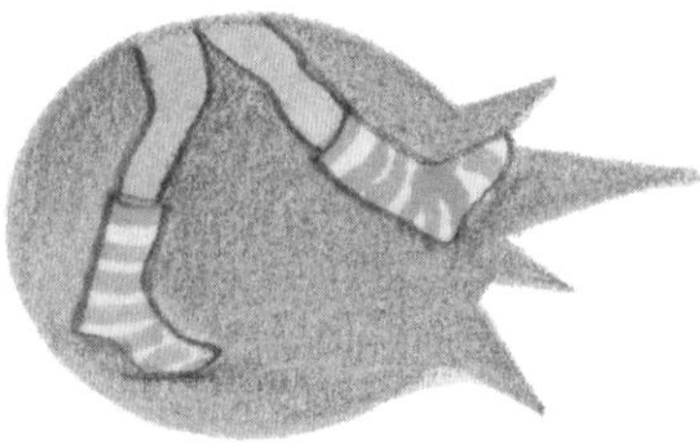

„Das ist wohl wahr!“, schreit Max zurück und zieht Ida an den Haaren.

Ihre Mutter kommt ins Zimmer.
„Müsst ihr eigentlich immer streiten?“, fragt sie.
„Ich streite überhaupt nicht“, sagt Max.
Er legt die Taucherbrille in den Schrank zu seinen Schwimmflossen.
Ida weint.
„Heulsuse!“, zischt Max ihr zu.
Laut sagt er: „Ich werde jetzt fernsehen.“

Ida läuft in ihr Zimmer und knallt die Tür zu.
Nach einer Weile öffnet sie die Tür leise wieder und geht auf Zehenspitzen in den Flur. Aus dem Wohnzimmer ertönt lautes Lachen.
Max schaut sich einen Trickfilm an.
Da klingelt das Telefon.

Die Mutter nimmt den Hörer ab.
„Hallo, Agnes“, sagt sie und geht
mit dem Telefon ins Schlafzimmer.
Das wird eine Weile dauern, denkt Ida.
Sie schleicht sich in Max’ Zimmer und
holt aus dem Schrank die Taucherbrille
und die Schwimmflossen heraus.

Ida wird Schatztaucherin

Die Sachen trägt Ida ins Badezimmer. Sie schiebt den kleinen Hocker an die Wanne, stellt sich darauf und öffnet den Wasserhahn.
Aus einer rosa Plastikflasche gießt sie Schaumbad ins Wasser. Sofort bilden sich blubbernd große Blasen.
Ida hat wirklich noch nie ganz alleine

gebadet. Ein bisschen unheimlich ist ihr jetzt schon. Das Wasser steigt höher und höher. In der Wanne bilden sich immer größere Schaumberge.
Schnell dreht Ida den Hahn wieder zu.

Ida zieht sich aus und schlüpft mit den Füßen in die Schwimmflossen. Die sind ihr viel zu groß.
Ich sehe aus wie eine Ente, denkt Ida.
Sie setzt sich die Taucherbrille auf.
Der Schnorchel reicht bis zu ihrer Schulter und die Brille bis zum Kinn.
Wie ein Fisch macht Ida den Mund dahinter auf und zu.

Nun fehlt nur noch ein Schatz.
Ida greift nach einem glänzenden
Gegenstand, der auf dem
Beckenrand liegt.
Sie kann nicht erkennen, was es ist.
Das Badezimmer dampft und
die Taucherbrille ist beschlagen.

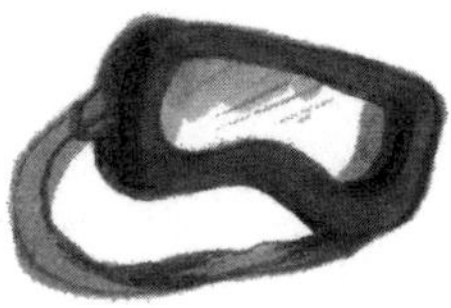

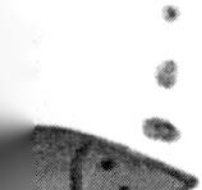

Ida steigt wieder auf den Hocker.
Mit den Schwimmflossen ist das gar nicht so einfach. Sie wirft das glänzende Ding ins Wasser.
Nun müsste Ida hinterherspringen, mit einem eleganten Satz.

So wie Max das im Sommer im Schwimmbad macht, wenn er nach bunten Ringen taucht.
Aber Ida traut sich nicht.
Wie festgewachsen steht sie auf dem Hocker. Da geht mit einem leisen Knarren die Tür auf.
Fritz und Minka, die beiden Katzen, kommen ins Bad und schauen Ida neugierig an.
Minka niest fünfmal. Dann dreht sie sich um und läuft wieder hinaus.
Minka ist wasserscheu, genau wie Ida.

Aber Fritz findet Wasser spannend.
Jetzt springt er auf den Rand der Badewanne und schlägt mit der Pfote nach dem Schaum.
Der Schaum fliegt durch die Luft und etwas davon bleibt Fritz am Ohr kleben.
Das gefällt dem Kater überhaupt nicht.
Er schüttelt den Kopf, hebt die Pfote, rutscht vom Wannenrand und – plumps! – liegt er im Wasser.

Ida will laut schreien. Aber da ist Fritz auch schon wieder draußen, pitschnass! Sein Schwanz ist dünn wie ein Bindfaden. Blitzschnell saust er durch die Tür. Ida klettert vom Hocker und will ihm nachlaufen.

Aber mit den Flossen an den Füßen kann sie nur watscheln wie ein Pinguin.

Ida ist etwas ganz Besonderes

Max und die Mutter stürzen ins Badezimmer.

„Du meine Güte, Ida!“, ruft ihre Mutter.

Max macht ein richtig dummes Gesicht.

„Ich will doch Schatztaucherin werden“, nuschelt Ida unter der Taucherbrille.

„Aber getaucht ist nur Fritz.“

Die Mutter schüttelt den Kopf und zieht Ida die Taucherbrille herunter. „Was hast du dir nur dabei gedacht, Ida?“, fragt ihre Mutter.

„Max hat gesagt, dass er später Taucher wird und berühmt und etwas ganz Besonderes“, murmelt Ida. „Ich wollte aber *jetzt* schon etwas Besonderes sein.“

Die Mutter nimmt Ida in den Arm.
„Das bist du doch auch“, sagt sie.
„Für mich bist du etwas ganz
Besonderes.“

„Ja, ganz besonders unmöglich!“, sagt Max. „Guck mal, was Ida ins Wasser geworfen hat: deine Puderdose!“

„Die ist hin“, seufzt die Mutter.

„Aber zum Glück ist Fritz nicht hin!“, sagt Ida. Und dann fällt ihr etwas ein: „Jetzt wissen wir wenigstens, dass Fritz beim Baden nicht untergeht. Max kann ihn später immer mitnehmen, wenn er nach Schätzen taucht.“

Fritz miaut kläglich unter dem Handtuch, mit dem Max ihn trocken rubbelt.
„Ich glaube kaum, dass der noch mal freiwillig ins Wasser springt“, sagt Max.
„Aber vielleicht nehme ich ja dich zum Tauchen mit, Ida. Mit der Brille und den Flossen siehst du echt cool aus!“

Max lacht. Und diesmal klingt es nett.
„Wenn du willst, können wir im Sommer zusammen tauchen üben."
Ida nickt fröhlich.
„Aber nicht wieder in der Badewanne!"

Infoseite

Schätze im Meer

Schatztaucher gibt es wirklich. Denn in den Meeren gibt es viele Schätze. Forscher sagen, dass weltweit über drei Millionen gesunkene Schiffe noch auf ihre Entdeckung warten.
Viele Wracks stammen aus längst vergangenen Zeiten.

Schon im Mittelalter wurde wertvolle Ladung oft auf dem Wasser transportiert. Diese Fahrten waren gefährlich. Bei Stürmen oder Angriffen von Feinden gingen viele Schiffe unter. Die Ladung, zum Beispiel Schmuck, Gold und Silber, ging ebenfalls unter und schlummert oft noch bis heute auf dem Meeresboden.

Aber die Schatzsuche im Meer ist teuer, zeitaufwendig und gefährlich. Von den ersten Nachforschungen bis zur Suche nach einem Wrack und schließlich bis zur Bergung des Schatzes ist es ein langer Weg. Trotzdem gibt es Menschen und sogar Firmen, die das Abenteuer der Schatzsuche immer wieder auf sich nehmen.

Leserätsel

Was stimmt?

Max und Ida sind …

- W Freunde.
- M Geschwister.
- N Taucher.

Ida hat …

- E keine Geduld.
- A kein Geld.
- U keine Flöte.

Ida tritt gegen …

R das Tischbein.

E das Schienbein.

S das Stuhlbein.

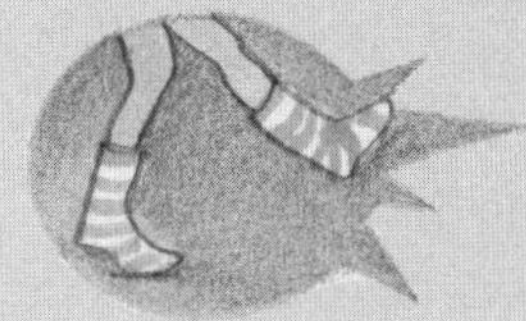

Max zieht Ida an den …

M Ohren.

S Flossen.

R Haaren.

Die Buchstaben neben den richtigen Antworten ergeben ein Lösungswort:

__ __ __ __

Lösungen

S. 54/55:

Max und Ida sind Geschwister.
Ida hat keine Geduld.
Ida tritt gegen das Schienbein.
Max zieht Ida an den Haaren.
Lösungswort: MEER

Tom auf Piratenfahrt

Tom ist sieben Jahre alt und
lebt auf einem Piratenschiff.
Es ist ein großes Segelschiff
mit drei Masten.
Vor einem Jahr hat sich Tom mitten in
der Nacht auf das Schiff geschmuggelt.
Er wollte Seefahrer auf einem
Handelsschiff werden.
Aber er ist bei Piraten gelandet!

Was für ein Schreck!
Aber dafür ist auf einem Piratenschiff immer etwas los.
Heute Morgen döst Tom noch ein bisschen in seiner Hängematte.
Die Sonne steht schon am Himmel.
„Nun steh endlich auf, Maskottchen!“, ruft Bob mit dem Holzbein Tom zu.

Bob mit dem Holzbein ist Toms Freund.
Er nennt Tom immer „Maskottchen“.
Bob glaubt nämlich, dass Tom
ein Glücksbringer ist.
Die Piraten haben viel mehr Beute gemacht,
seit Tom an Bord ist.
„Der Kapitän hat heute schlechte Laune“,
sagt Bob zu Tom, als sie an Deck steigen.

Kein Wunder!
Es gibt nichts mehr zu essen an Bord
und die Mannschaft ist unzufrieden.
„Los, Tom, Deck schrubben!“,
befiehlt der Kapitän mürrisch.
Tom weiß inzwischen, warum man
das Deck schrubben muss.
Die Schiffsplanken trocknen sonst aus
und werden undicht.

Das Schrubben ist anstrengend!
Und dann muss Tom auch noch
in die Wanten hinaufklettern.
Er soll nach Schiffen Ausschau halten.
Gut, dass ihm da oben nicht schlecht wird.
Der Ausguck ist zwanzig Meter hoch
und schaukelt hin und her.
Plötzlich werden Toms Augen größer.
Ein großes Handelsschiff kommt auf sie zu!

„Schiff in Sicht! Schiff in Sicht!“, schreit Tom aufgeregt.
Schnell klettert er wieder hinunter.
Der Kapitän ruft den Piraten Befehle zu:
„Drei Mann an die Kanonen!
Haltet die Waffen bereit!
Hisst die Piratenflagge!“
Das Handelsschiff kommt immer näher.
Es kann nicht mehr entkommen.

Leserätsel

Ein Sturm hat die Wörter auf dem Schiff durcheinandergewirbelt. Setze sie zusammen.

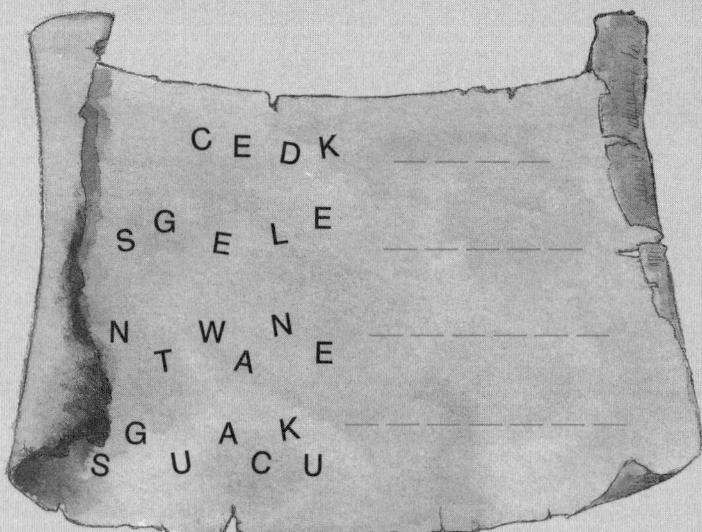

Das Piratenschiff hat

- Z zwei Maschen.
- G drei Masten.
- R vier Masken.

Warum hat der Kapitän schlechte Laune?
Achtung! Mehrere Antworten sind richtig.

- [O] Weil es nichts mehr zu essen gibt.
- [D] Weil er das Deck schrubben muss.
- [L] Weil die Mannschaft unzufrieden ist.

Warum hat Tom sich auf das Schiff geschmuggelt?

- [N] Weil er in einer Hängematte schlafen wollte.
- [D] Weil er Seefahrer werden wollte.
- [T] Weil er das Deck schrubben wollte.

Die Buchstaben neben den richtigen Antworten verraten dir die liebste Beute von Piraten: __ __ __ __ .

„Maskottchen, gleich wird es hier gefährlich!“, sagt Bob mit dem Holzbein.
Er schiebt Tom zur Luke auf dem Oberdeck.
„Geh jetzt besser nach unten und warte, bis alles vorbei ist.“
Tom ist enttäuscht, aber auch erleichtert.
Wenn die Piraten kämpfen, ist nicht mit ihnen zu spaßen!
Gehorsam klettert Tom unter Deck.
Bob schließt die Luke über ihm.

Es ist ganz still auf dem Schiff.
Plötzlich ruft der Kapitän:
„Klar zum Entern!“
Und dann ist der Teufel los!

Tom hält es nicht mehr aus.
Neugierig hebt er die Luke hoch
und schaut vorsichtig hinaus.
Aber er sieht nur Beine.
Die Piraten kämpfen barfuß.
Die anderen Seeleute haben Schuhe an.
Und da ist auch Bob mit dem Holzbein!

Tom hört die Säbelklingen
aufeinanderschlagen.
Auf einmal rollt eine Eisenkugel
qualmend auf ihn zu.
Puh! Eine Stinkbombe!
Schnell verkriecht Tom sich
wieder unter Deck.

Endlich holt Bob mit dem Holzbein Tom wieder aus seinem Versteck. Der Kampf ist vorbei. Das große Handelsschiff brennt und auch das Piratenschiff ist beschädigt. Große Stücke von der Reling fehlen.

Auf dem Achterdeck bewacht der Kapitän stolz eine große Schatztruhe.
Die Mannschaft bringt Vorräte und Kleidung unter Deck.
Das können die Piraten alles gut gebrauchen!

Leserätsel

Wo versteckt sich Tom?

- T Unter einer Decke.
- R Unter Deck.
- S Unter einem Deckel.

Was ruft der Kapitän?

- A Klare Entscheidung!
- O Knusprige Enten!
- U Klar zum Entern!

Die Piraten kämpfen

- M barfuß.
- F nackt.
- T kahl.

Die Buchstaben neben den richtigen Antworten verraten dir, was Piraten gerne trinken: __ __ __.

Entdeckst du fünf Piratenwaffen?

Kreise die Wörter ein.

O	N	B	S	Ä	B	E	L	Ö	S	C	V	N
Ä	N	T	V	E	D	B	N	U	R	S	V	L
Q	E	N	T	E	R	H	A	K	E	N	U	P
Ä	K	U	N	G	V	O	M	T	A	S	V	O
R	V	M	Q	P	I	S	T	O	L	E	Ü	H
B	M	I	T	F	S	R	U	V	Ü	K	V	Y
X	E	N	T	E	R	B	E	I	L	Z	C	P
C	H	W	S	F	T	R	Z	O	B	N	Y	B
P	J	A	S	L	M	V	D	O	L	C	H	R

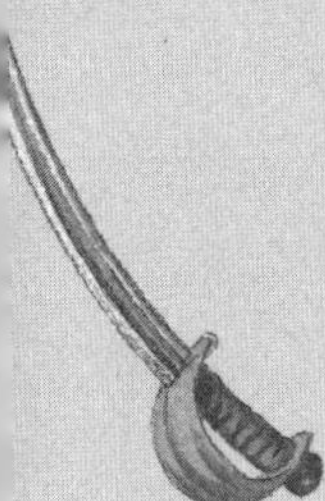

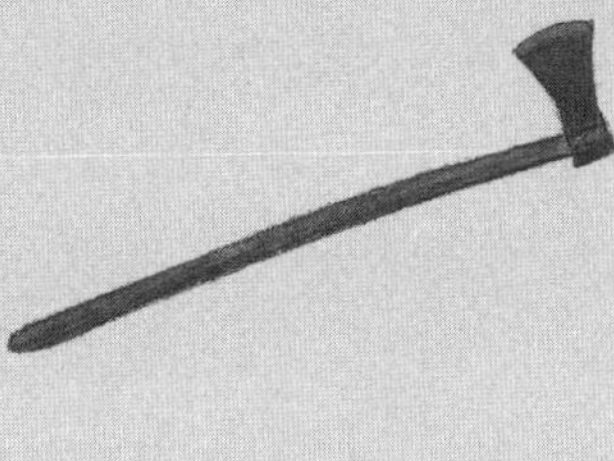

Die Piraten segeln in eine Bucht.
Hier können sie das Schiff
gut verstecken und reparieren.
Der Kapitän versammelt alle am Strand.
Jetzt wird die Beute geteilt.
„Einen Anteil für jeden von euch,
zwei Anteile für mich!“, sagt der Kapitän.
„So steht es im Piratengesetz.“
Sogar Tom bekommt einige Münzen.
Er hat schließlich
das Schiff entdeckt!

Piratengesetz

Jeder muss dem Kapitän gehorchen.

Jeder bekommt den gleichen Anteil
an der Beute.
Der Kapitän bekommt zwei Anteile.

Wer seine Waffen nicht sauber hält,
bekommt keinen Anteil an der Beute.

Wer die anderen Piraten bestiehlt,
wird auf einer einsamen Insel ausgesetzt.

Wer sich mit anderen Piraten prügelt,
wird ausgepeitscht.

Abends sitzen alle am Strand
um ein Feuer und feiern.
Die Piraten finden sich sehr schön
in ihrer neuen Kleidung.
Aus den Vorräten holen sie Räucherwürste.
So etwas Leckeres haben sie lange
nicht gegessen!
Der Kapitän spendiert sogar ein Fass Rum.
„Aber nicht für dich!“, sagt Bob zu Tom.

Er schlägt eine Kokosnuss auf und
Tom trinkt das süße Wasser.
Die Piraten lachen und erzählen Geschichten.
Aber Tom schaut hinauf in den Sternenhimmel.
Er träumt davon, einmal Kapitän
auf einem großen Handelsschiff zu sein.
Dann trägt er auch feine Kleidung.
Und er lässt sich ganz bestimmt nicht
von Piraten hereinlegen!

Infoseite
Hier siehst du das Piratenschiff, auf dem Tom lebt.

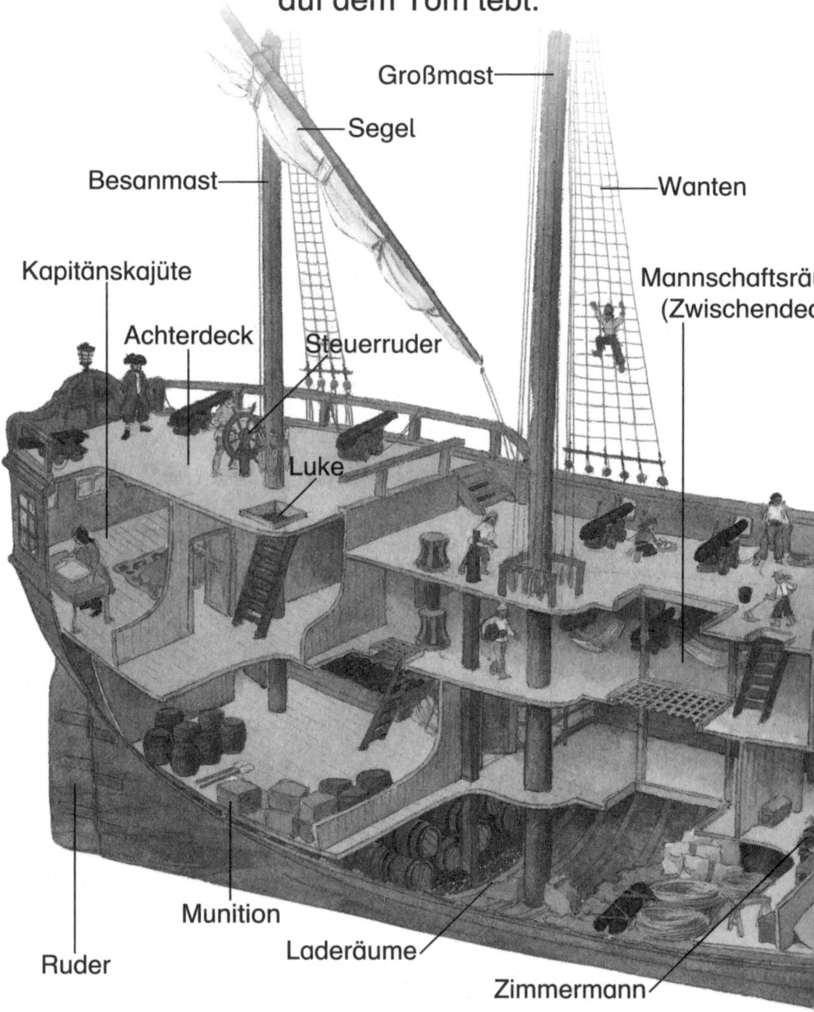

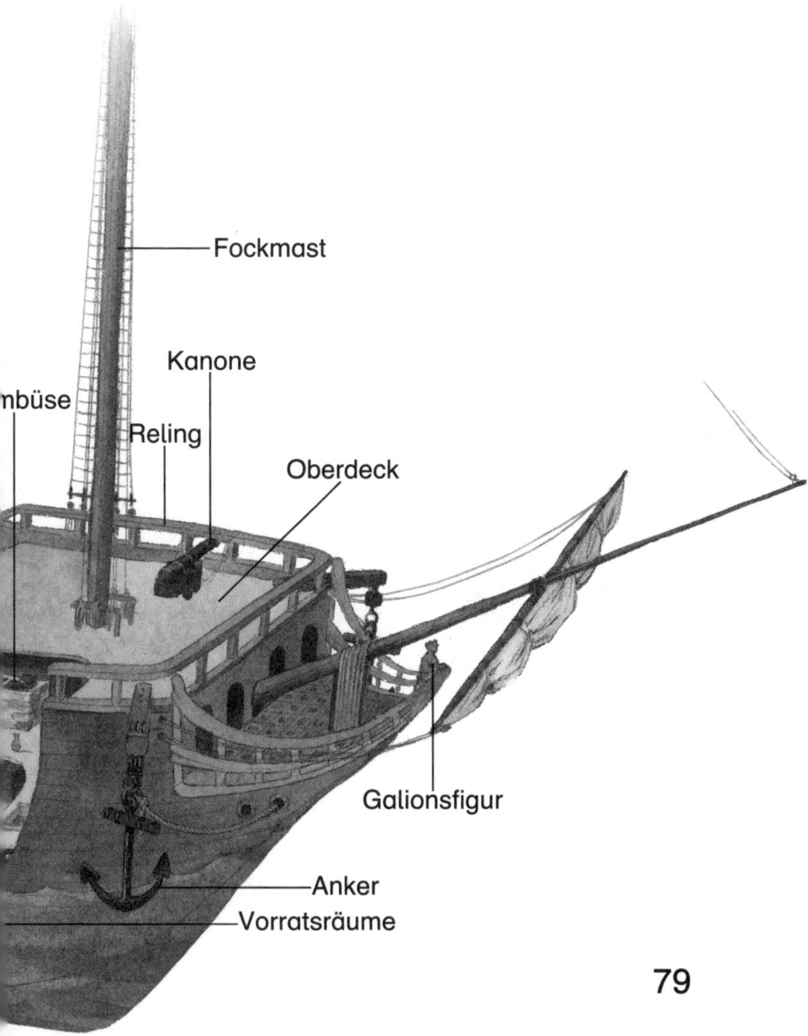
Fockmast
Kanone
Reling
Oberdeck
Galionsfigur
Anker
Vorratsräume

Ich habe das ganze Buch gelesen!

S. 64/65:
Die Wörter auf dem Schiff sind:
DECK, SEGEL, WANTEN, AUSGUCK.
Das Piratenschiff hat drei Masten.
Der Kapitän hat schlechte Laune,
weil es nichts mehr zu essen gibt und
weil die Mannschaft unzufrieden ist.
Tom hat sich auf das Schiff geschmuggelt,
weil er Seefahrer werden wollte.
Die liebste Beute von Piraten ist GOLD.

S. 72/73:
Tom versteckt sich unter Deck.
Der Kapitän ruft: Klar zum Entern!
Die Piraten kämpfen barfuß.
Piraten trinken gerne RUM.

O	N	B	S	Ä	B	E	L	Ö	S	C	V	N
Ä	N	T	V	E	D	B	N	U	R	S	V	L
Q	E	N	T	E	R	H	A	K	E	N	U	P
Ä	K	U	N	G	V	O	M	T	A	S	V	O
R	V	M	Q	P	I	S	T	O	L	E	Ü	H
B	M	I	T	F	S	R	U	V	Ü	K	V	Y
X	E	N	T	E	R	B	E	I	L	Z	C	P
C	H	W	S	F	T	R	Z	O	B	N	Y	B
P	J	A	S	L	M	V	D	O	L	C	H	R

Lösungen